# Lotta

## UND KLICKS

Eine Geschichte von Benjamin Wockenfuß
mit Bildern von Stefanie Messing

Verlag Friedrich Oetinger · Hamburg

# Vorwort

Stellen Sie sich vor, Sie sind ein Kind und haben keine Ahnung, was diese Box macht, die ihre Eltern so oft in ihren Bann zieht. Es muss Sie doch rasend vor Neugierde machen! Was kann dieses Ding, dass meine Eltern ihm so viel Aufmerksamkeit schenken? Macht es sie glücklich? Beruhigt es sie? Oder werden meine Eltern sogar bestraft, wenn sie es zu lange versäumen, auf den Bildschirm zu sehen? Wenn Ihre Eltern drei Dinge aus einem brennenden Haus retten könnten, wären es das Smartphone, ein Ladekabel und ein Ersatzladekabel. Was zur Hölle hat es also mit diesem Ding auf sich?!
Wenn wir schon selbst der Anziehungskraft von Smartphones kaum widerstehen können, wie sollen es unsere Kinder tun?

Das Internet ist die fantastischste Erfindung der Menschheit, aber wir sind im Umgang damit in der Experimentierphase. Wir werden mit dem Netz noch viele Fehler machen, bis wir lernen, es als Werkzeug zu kontrollieren. Bis dahin gilt auch im Sinne unserer Kinder: Aufmerksam sein und viele Fragen stellen, damit wir schnell das Internet bekommen, das unser Leben leichter macht.
Das aktuelle mediale Klima verlangt Eltern höchste Aufmerksamkeit ab und vielleicht war es nie anspruchsvoller, Kinder auf dem Weg zu mündigen Bürgern zu begleiten. Wir müssen die digitale Welt und ihre Dynamiken verstehen, damit unsere Kinder in einem Umfeld voller Verlockungen nicht verloren gehen, sondern kritisch bleiben. Je besser uns das gelingt, desto schneller wird das Internet ein Ort, in dem sich unsere Kinder sicher zurechtfinden werden.
Als Vater habe ich meinen Blick auf den digitalen Raum verändert: Ich bin Teil einer lernenden Gesellschaft, deren Aufgabe darin besteht, die neue Welt so zu gestalten, dass meine Kinder die Möglichkeiten der Digitalisierung für ihr Wachstum und nicht für ihre Verunsicherung nutzen.

Ein Buch, das sich in den Dienst dieser Sache stellt, gehört in jedes gut sortierte Kinderzimmer – weil man gar nicht früh genug damit beginnen kann, ein Bewusstsein für die Chancen und Risiken der Digitalisierung zu prägen.

**Christian Maria Brandes,** a.k.a. Schlecky Silberstein, ist ein deutscher Buchautor, Internetaktivist, Schauspieler, Blogger und Head-Autor/Darsteller bei der Online-Satire-Show Bohemien Browser Ballet.
Weitere Infos: www.schleckysilberstein.com

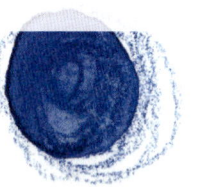

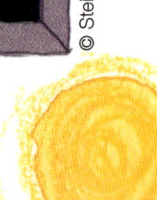

Hallo! Schön, dass du das Buch aufgeschlagen hast.
Dies ist die Geschichte von Lotta, ihrer Familie, vom
Hund Klicks und Papas Smartphone.
Lotta spielt gerne damit. Manchmal sogar so gerne,
dass sie alles um sich herum vergisst. Sogar die Kita.
Doch dann kommt Klicks ...
Wenn du erfahren möchtest, was Lotta so alles
mit und ohne Smartphone erlebt, dann drücke auf
»AN!«, blättere um und los geht's.

AN!

Das ist ...

Ähem ... Das ...

...

Das ist Lotta.
Sie mag Papas
Smartphone voll.
Aber der Akku ist leer.

Sie lädt das Smartphone auf, bis alle Striche zu sehen sind.
Lottas kleiner Bruder Lukas schaut zu.

Heute morgen ist alles durcheinander.
Papa muss noch dringend etwas arbeiten.
Deswegen hat er Lotta das Smartphone
gegeben, damit er kurz seine Ruhe hat.
»Zauberkiste« nennt er das Telefon
manchmal, weil so bunte,
zauberhafte Dinge auf dem
kleinen Bildschirm geschehen.

Weißt du, was ein Smartphone ist?
Vielleicht haben deine Eltern eins.
Oder du hast ältere Geschwister, die schon eins besitzen.
Bestimmt hast du so ein Smartphone schon mal irgendwo gesehen.

Mit einem Smartphone kann man tolle Sachen machen – viel mehr, als einfach nur zu telefonieren.

Was meinst du? Was kannst du mit einem Smartphone sonst noch alles machen?

Um zu lesen, wie die Geschichte weitergeht, drehe das Buch nach rechts und blättere um ...

Lotta spielt im Kinderzimmer
mit Papas Smartphone.

Lukas möchte mitspielen. Als Lukas
nach dem Telefon greift, schüttelt Lotta den
Kopf. »Nein, Lukas, dafür bist du noch zu klein.
Aber du darfst zusehen, was ich für tolle Sachen
mit Papas Handy machen kann.«

Der Hund Klicks wundert sich, dass keins der Kinder
mit ihm spielen möchte. Er würde so gerne draußen
Stöckchen suchen oder mit dem Ball spielen.
Da kommt ihm eine Idee ...

Klicks wedelt mit dem Schwanz, stellt sich auf die
Vorderpfoten und macht ganz viele tolle Kunststücke.

Doch Lotta bekommt von alldem gar nichts mit,
weil sie sich weiter mit Papas Smartphone beschäftigt.

Nach einer Weile fängt Klicks ganz
laut an zu bellen und läuft im Kreis.

Lotta schaut von Papas Smartphone auf.

»Warum machst du denn so einen Krach, Klicks?«

Sie sieht auf die Uhr an der Wand.

»Oh nein! Wir müssen in die Kita!«, ruft sie aufgeregt.

Auch Lukas ist ganz erschrocken.

Jetzt aber schnell!

»Paaaappaaaaa!«, brüllt Lotta ganz laut.

Papa sitzt immer noch im Arbeitszimmer.
»Nur noch fünf Minuten, mein Schatz,
ich muss nur noch diese eine E-Mail
fertig machen.«
Fünf Minuten dauern bei Papa
manchmal besonders lang.

PAPAAAAA!

Während der Autofahrt schauen Lotta, Lukas und Klicks aus dem Fenster.
Die Fahrt zur Kita kommt ihnen heute fast endlos vor.
Auf den Straßen ist viel Verkehr. Endlich findet Papa einen Parkplatz.
Jetzt wollen alle schnell raus aus dem Auto und rein in die Kita.

Doch Moment ... Irgendwas stimmt hier nicht. Oh nein, Klicks ist verschwunden! Er war doch gerade noch genau neben Papa.
Wo kann er nur sein?

»Kliiiiiicks!«

rufen alle ganz laut.
»Schnell«, sagt Papa aufgeregt. »Ihr geht schon mal in die Kita und ich suche Klicks. Ich gebe euch sofort Bescheid, wenn ich ihn gefunden habe. Versprochen. Macht euch keine Sorgen.«

Gut, dass du noch hier bist. Hilf Papa bei der Suche nach Klicks. Blättere doch mal eine Seite zurück – vielleicht entdeckst du ihn schon irgendwo?

Klicks hat seit letztem Winter einen Sender im Halsband, sodass Papa ihn mit dem Handy finden kann. Zum Glück!
Welche Dinge sollte Papa noch bei der Suche nach Klicks mitnehmen?

Zuerst einmal musst du das Buch drehen.

Nun kannst du Klicks helfen, selbst den Weg zu finden.
Dabei sammelt er ein paar Knochen ein. Weißt du, wie viele?

Traurig gehen Lotta und Lukas in ihre Gruppe und erzählen alles
Frauke, ihrer Erzieherin.
»Ganz bestimmt taucht euer Hund wieder auf!«, sagt Frauke.
Trotzdem macht Lotta sich große Sorgen.

WAU! WAU!

WAU! WAU!

Plötzlich hört sie ein Bellen.
Huch, da war es nochmal!

Nun hören die anderen Kinder es auch. Und wer sitzt da am Baum vor
der Kita und hat Lottas Kindergartentasche im Maul?
»Klicks ist wieder da!«, jubelt Lotta und eine kleine Träne läuft ihr vor
Freude die Wange herunter. Sie rennt nach
draußen und umarmt den Hund.
Im gleichen Moment kommt auch
Papa angelaufen.
»Puh ...«, sagt er ganz außer Atem,
»... mit dem Smartphone habe
ich Klicks zum Glück gefunden.«
»Klicks braucht gar kein Smartphone«, sagt Lotta.
»Er hat auch so zu uns in die Kita gefunden.«

Was für ein aufregender Tag! Als Lotta nach der Kita wieder zu Hause ist, möchte sie Papa eigentlich nach dem Smartphone fragen.

Doch dann schaut sie nachdenklich zu
Klicks. »Ach, weißt du was, Klicks?«,
sagt sie zu dem Hund. »Komm, wir
gehen spielen. Wer als Erster
draußen ist!«
Sie hat noch nicht zu Ende
gesprochen, da ist Klicks
schon an der Tür.
Lotta lacht und rennt los.

Smartphones haben bei Kindern nichts verloren? Was meint ihr?
Smartphones gehören zum Leben genauso dazu wie Bücher,
draußen spielen oder lustige Hunde.
Lotta gefällt das alles: lesen, toben, mit Klicks spielen.
Mit und ohne Smartphone.

Hast du gut aufgepasst und alle Computer-Mäuse gefunden?
Nein? Dann blättere noch einmal zurück zum Anfang und schau
dir jede Seite ganz genau an. Findest du alle Mäuse?

Bist du fertig mit dem Buch? Schön, dann drück — genau wie beim
Smartphone, wenn du fertig bist — auf »AUS!« und klapp das Buch zu.
Und wenn du das nächste Mal aus dem Fenster deines Kinderzimmers
schaust, pass gut auf, ob du vielleicht eine lustige Hundenase entdeckst.

AUS!

Digitale Medien gehören zur Lebensrealität unserer Kinder dazu. Vielmehr, als um ein »entweder oder« sollte es uns um ein partizipatives Miteinander von digital und analog gehen.

### Kinder haben die Gabe, ihre Welt zu gestalten.

Diese Geschichte ist ein Mutmacher für Fantasie. Sie erzählt die Geschichte von Lotta, die mit einem Lachen lernt, über den Bildschirmrand von Papas Smartphone hinauszublicken.

**Benjamin Wockenfuß** ist Social Media Manager und Suchttherapeut. Er lebt mit seiner Frau und den Söhnen in Bonn kurz vor'm Wald. Benjamin leitet das Projekt DigiKids der Hessischen Landesstelle für Suchtfragen e.V. Als Speaker, Dozent und Co-worker ist er bundesweit unterwegs.
Weitere Infos: www.wknfss.de

**Stefanie Messing** wurde in Neustadt a. d. W. geboren. Schon als Kind verbrachte sie den größten Teil ihrer Zeit mit Zeichnen und dem Sammeln von Bildchen. Nach ihrer Ausbildung zur Grafikerin war sie in verschiedenen Kreativbüros und Agenturen tätig. Seit 2012 arbeitet sie freiberuflich als Illustratorin und Grafikerin. Ihre Arbeiten wurden bereits in unterschiedlichen Kinderbuchverlagen veröffentlicht. Sie lebt mit ihrer Familie in Bonn am Rhein.
Weitere Infos: www.kleinerwolf.de

Das Kinderbilderbuch »Lotta und Klicks« ist im Rahmen des Modellprojekts Digikids der HLS und der Techniker Krankenkasse, zur Entwicklung und Erprobung neuer Präventionsmaßnahmen nach §20 g SGB V, entstanden.

Mit dem Projekt sollen Kinder in einer Lebensphase erreicht werden, in der gesundheitsförderliche Erlebens- und Verhaltensweisen entscheidend beeinflusst und geprägt werden können. Es werden Grundlagen geschaffen, die es Kindern ermöglichen, selbstwirksame und selbstregulatorische Fähigkeiten im Umgang mit digitalen Medien zu erlangen und zukünftig weiter auszubilden.

Denn digitale Medien und virtuelle Kommunikation sind aus unserem alltäglichen Leben nicht mehr wegzudenken. Heranwachsende kommen heutzutage automatisch schon früh mit ihnen in Kontakt, etwa wenn sie Handys, Tablets oder Computer ihrer Eltern, größeren Geschwister oder Freunde nutzen. Um die Medienkompetenz und damit auch die Gesundheit frühzeitig und zielgerichtet zu fördern, bedarf es geeigneter Präventionsansätze, in denen die Zielgruppe der Kinder erreicht und die Lebensumwelt, inklusive wichtiger Bezugspersonen und Rollenvorbilder, einbezogen wird. Medienkompetenz beschränkt sich dabei nicht nur auf das Wissen, wie ein Gerät sachgemäß bedient wird. Vielmehr beinhaltet sie auch, dass Inhalte intellektuell und emotional verarbeitet und Informationen kritisch hinterfragt werden können. Sie umfasst auch die Fähigkeit von Erwachsenen einschätzen zu können, wie viel Medienkonsum gesund und altersgerecht ist.